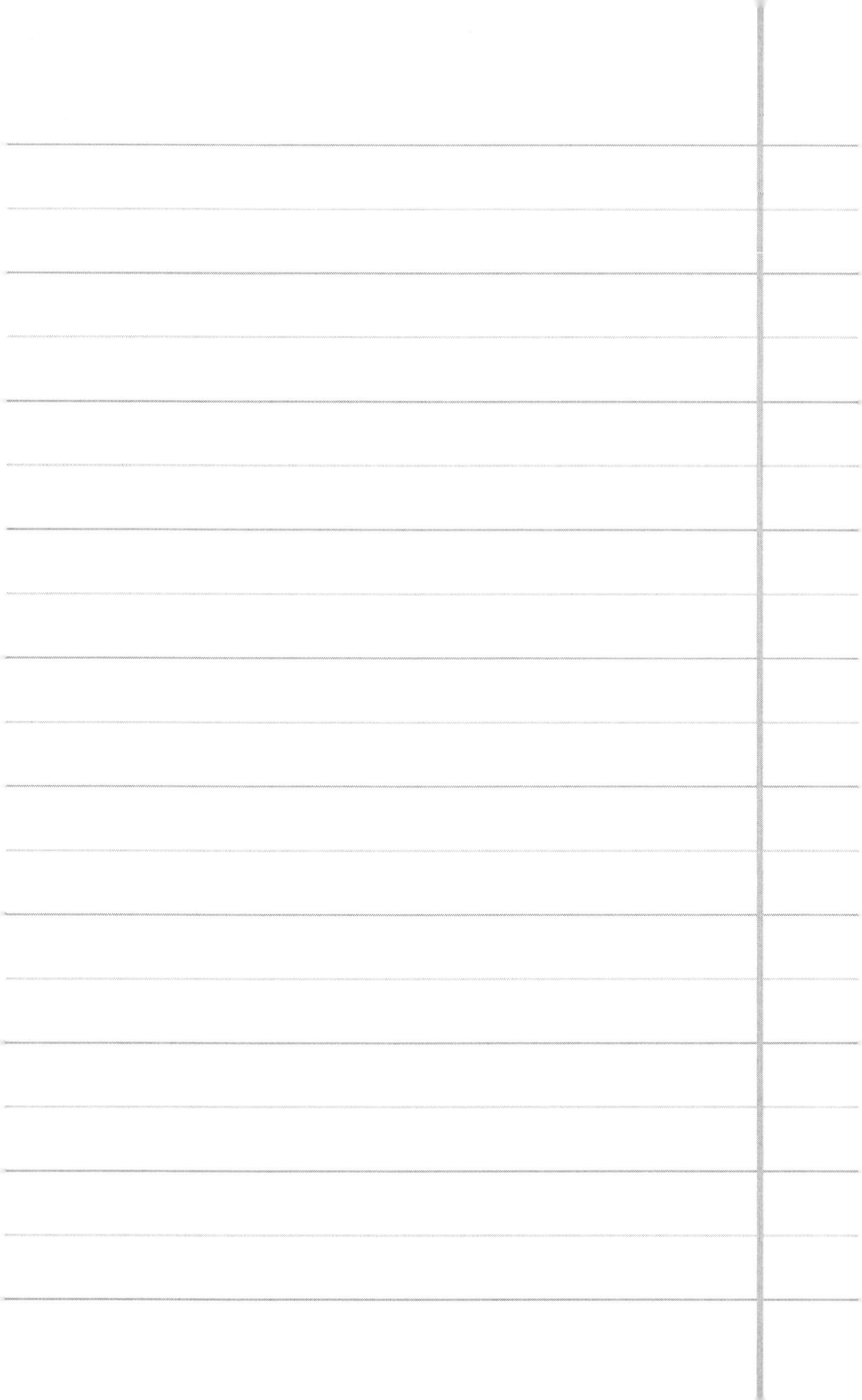

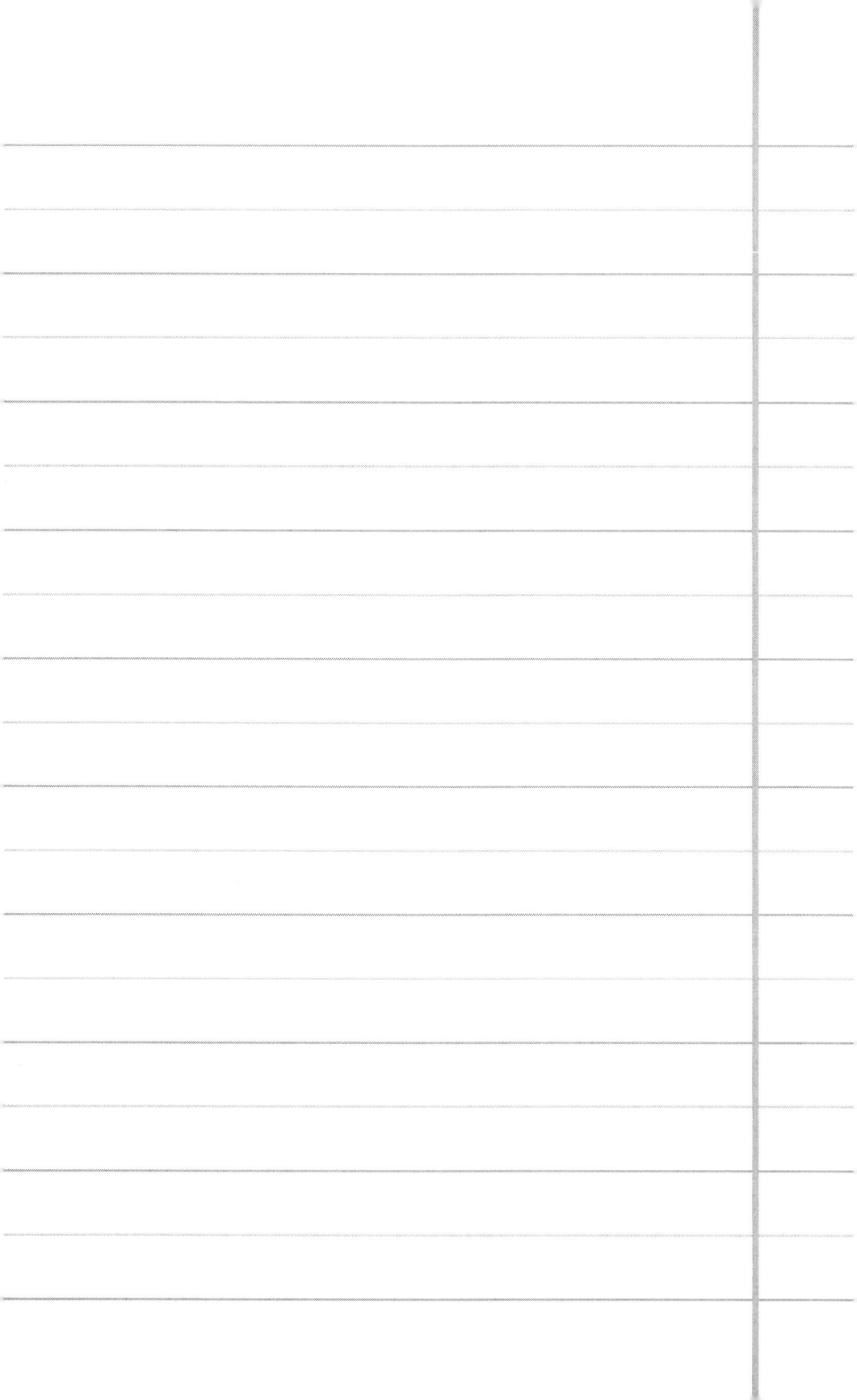

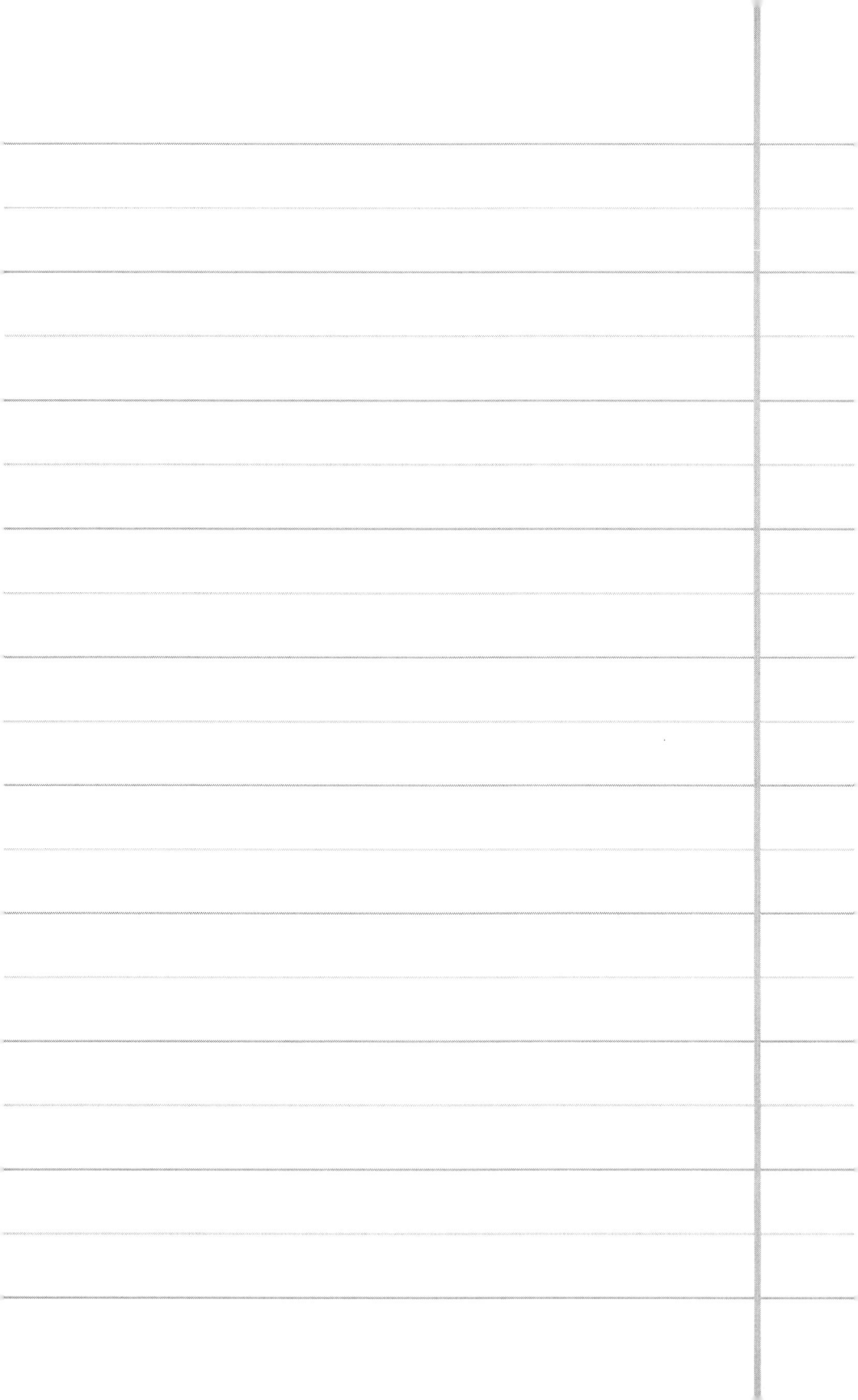

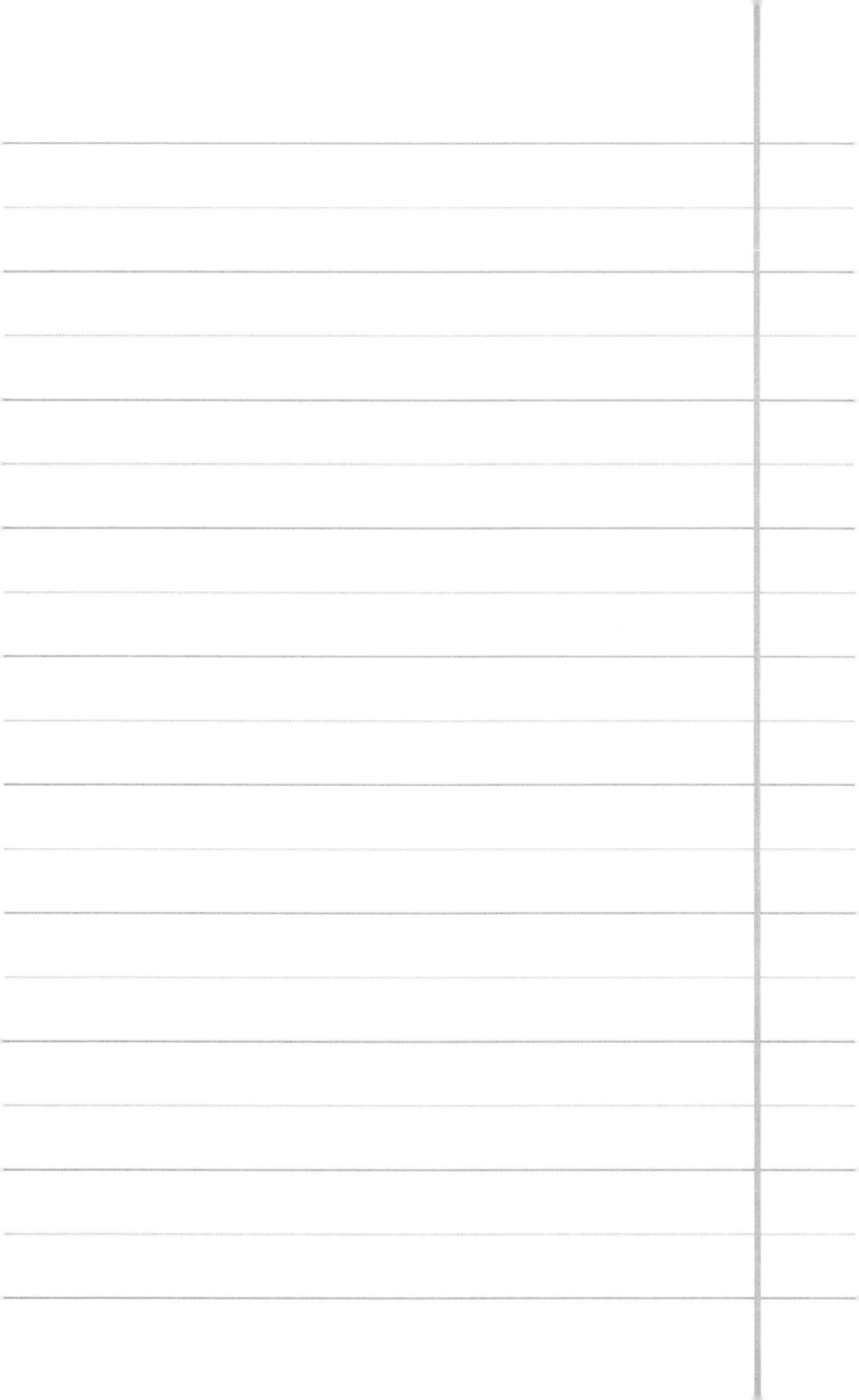

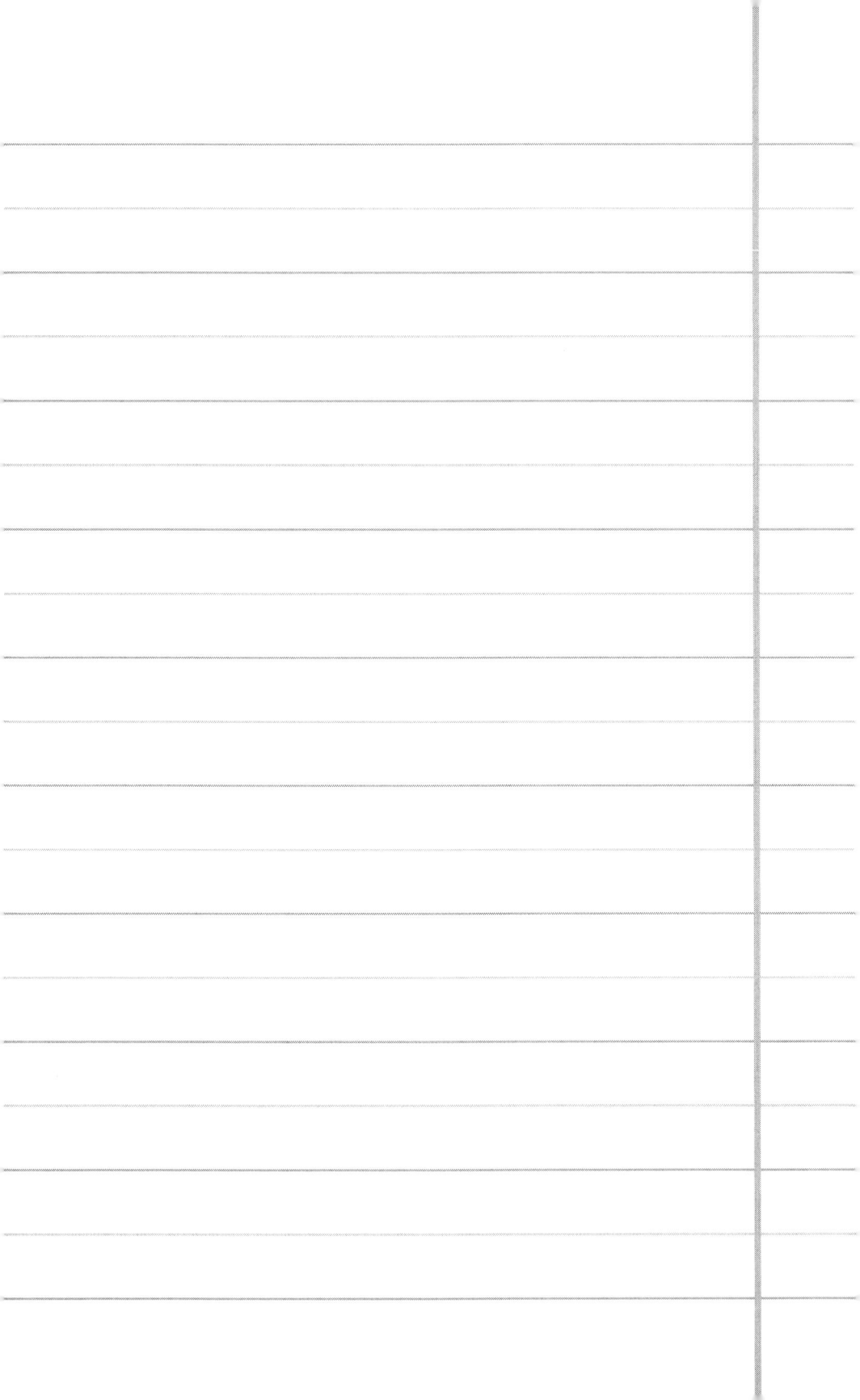

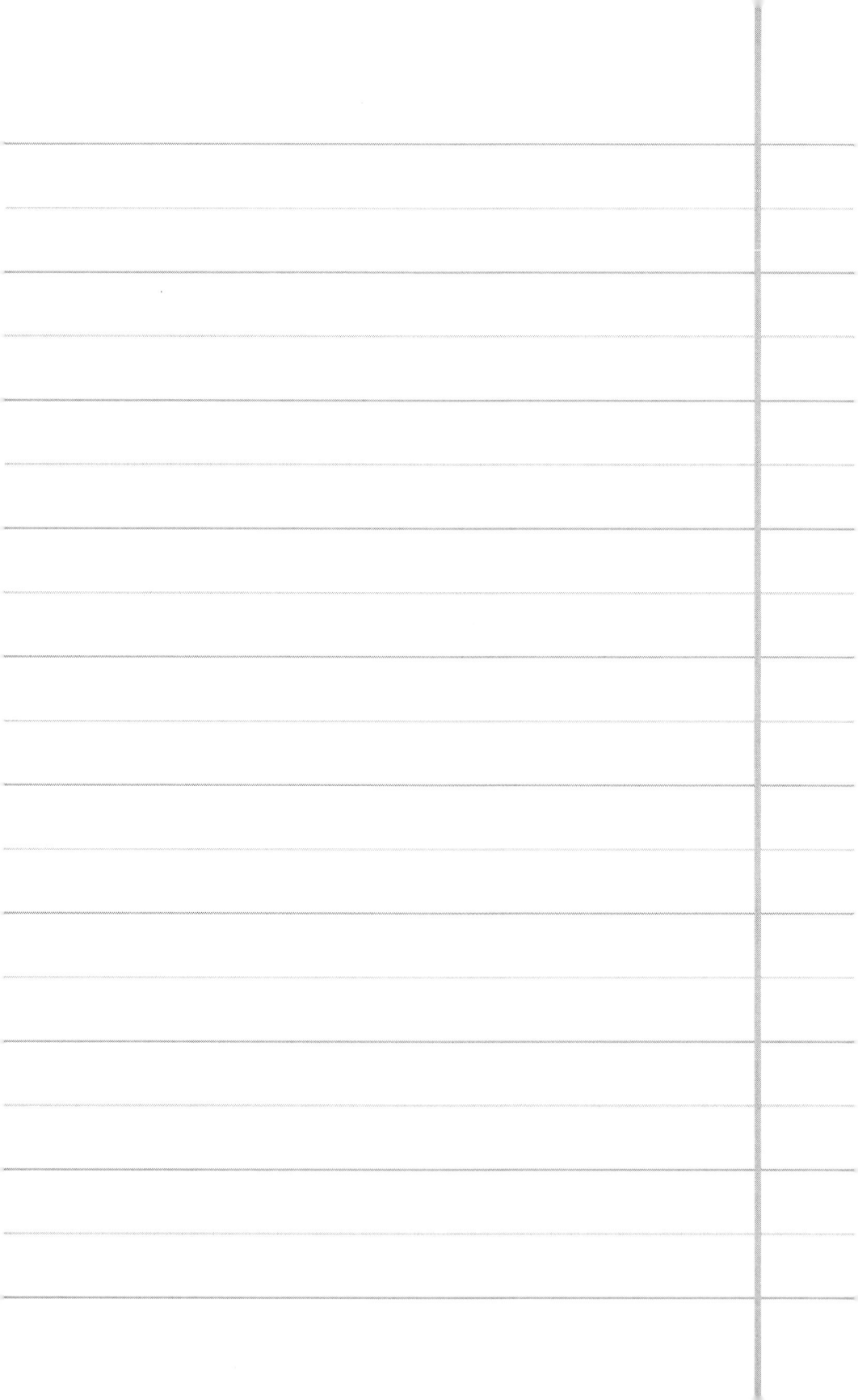

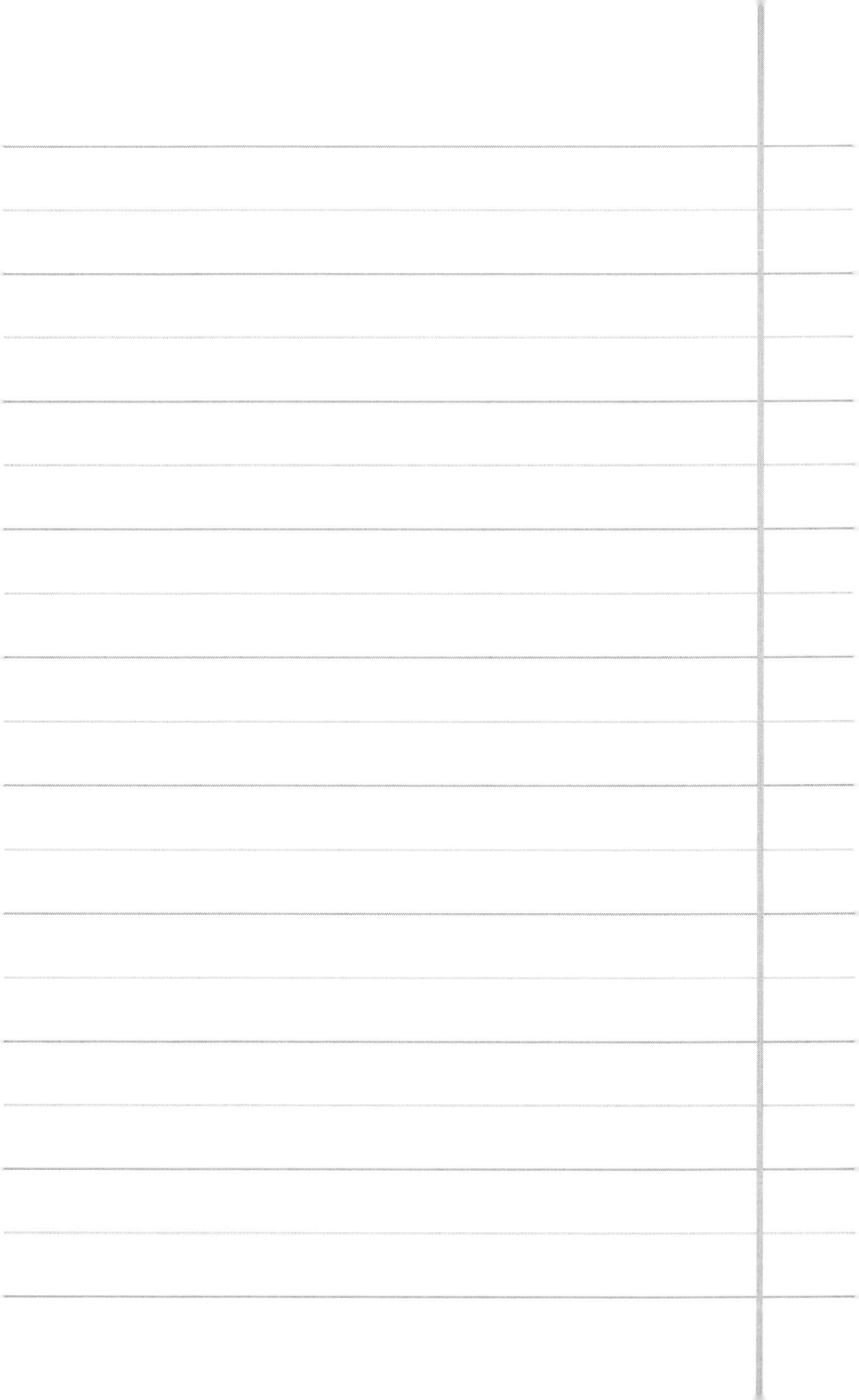

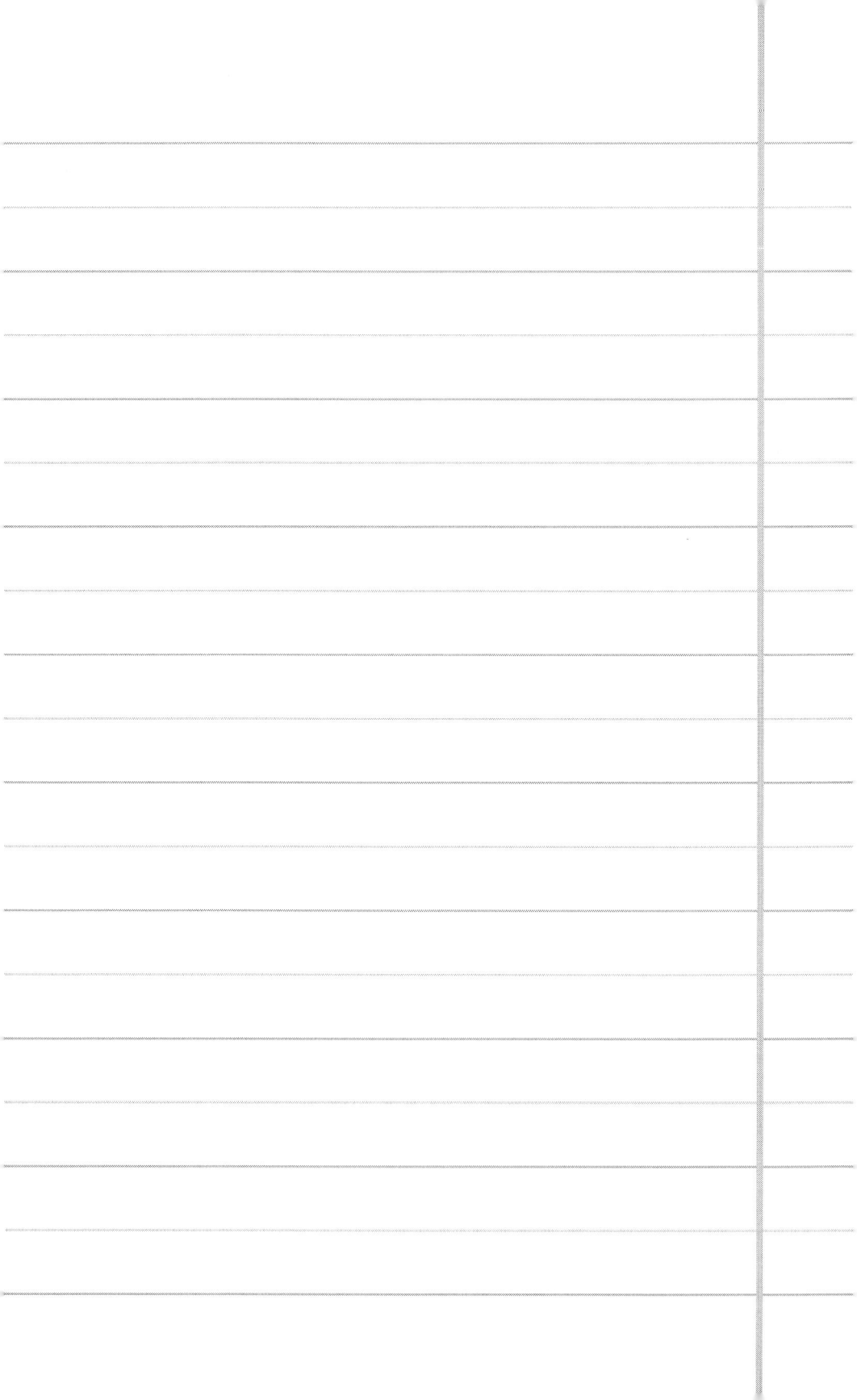

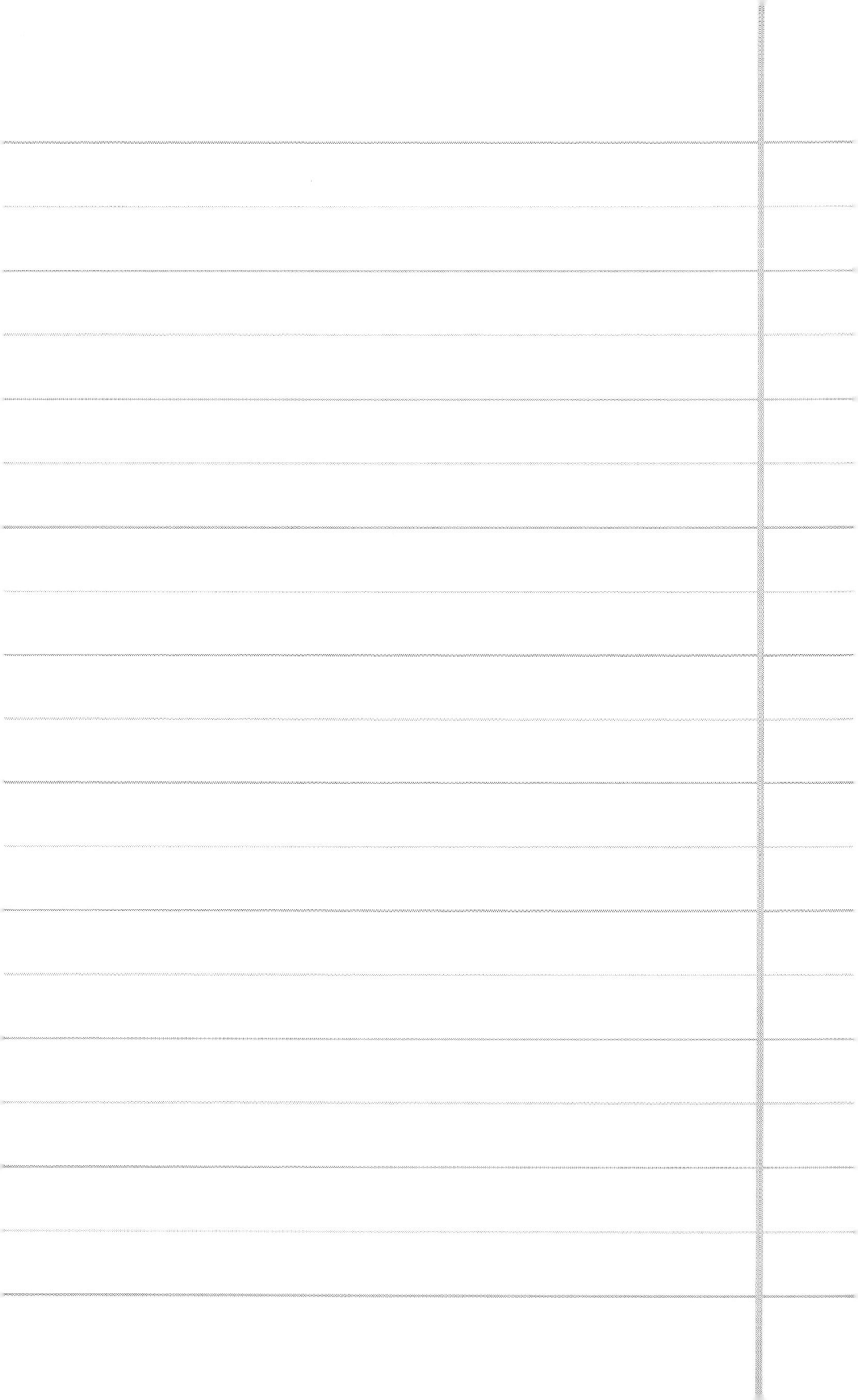

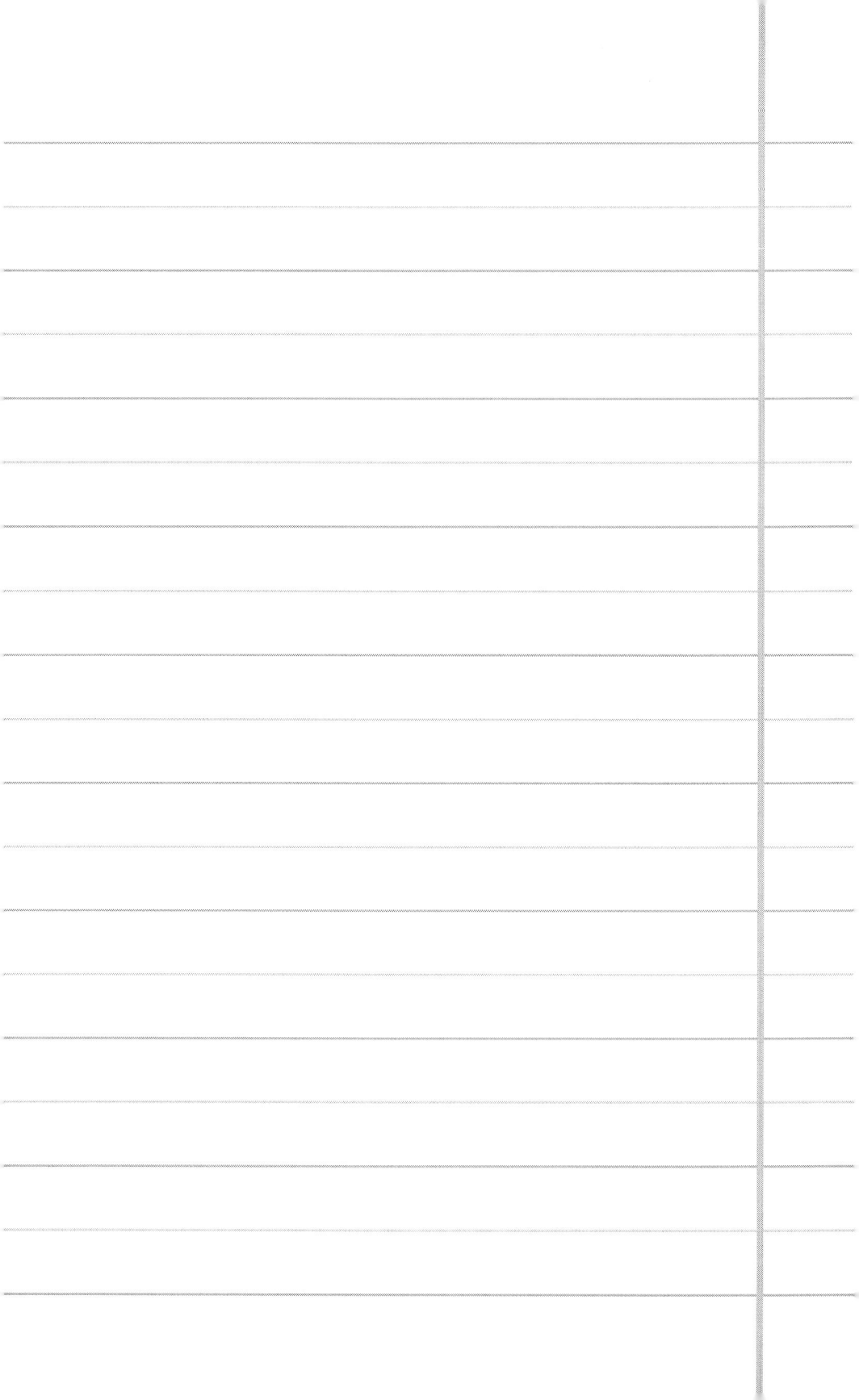

49134951R00057

Made in the USA
Middletown, DE
18 June 2019